Karl-Heinz Rausch

Mehr Gewinn für Ihre Kneipe oder Gaststätte

Mehr Gewinn für Ihre Kneipe oder Gaststätte

Nie mehr rote Zahlen schreiben

von

Karl-Heinz Rausch

Vorwort:

Liebe Leser meines Buches,
liebe Gastwirte,

dass ich als junger Unternehmer im
Gaststättengeschäft (und anderen Bereichen)
selbstständig tätig war, ist nun über 30 Jahre her.

Ursprünglich habe ich den Beruf des Bankkaufmann
gelernt und diese Tätigkeit auch praktisch ausgeübt
über die Dauer von etwa 6 Jahren in einer Filiale einer
großen, bayerischen Privatbank.

Der Wunsch meines Vaters war jedoch, später einmal
sein bereits bestehendes Geschäft zu übernehmen (ein
bereits seit den 1940er Jahren bestehendes Caféhaus,
sowie ein in den 50er Jahren neu hinzu gekommenes
Geschäft „ Aufstellung von Geldspiel- und
Unterhaltungsautomaten in Gaststätten.

So stieg ich 1974 (offiziell) ins Gastronomie und
Automatengeschäft ein. Während meiner Zeit als
Gastronom erwarb ich ein benachbartes
Gastwirtschaftsgebäude hinzu, erbaute das Haus neu
mit einem Speiselokal im Erdgeschoss, welches die
ersten Jahre gute Umsätze erzielte.

Wenig später baute ich das bestehende Caféhaus
meines Vaters um, und eröffnete dort ein English-Pub,
das bei der einheimischen Jugend der Umgebung
guten Zuspruch fand.

Mittlerweile wurde die Brauerei auf meine Aktivitäten aufmerksam und machte mir eines Tages das Angebot, die bereits legendäre Diskothek Scotch-Club in Coburg zu pachten, einst erste Diskothek in Coburg überhaupt (mit zentraler Innenstadtlage).

Mit einem Freund (der bereits bei mir im English-Pub arbeitete) schaute ich mir an einem Wochenende die Diskothek an und entschloss kurze Zeit später, den Pachtvertrag anzunehmen.

Was soll ich sagen, die ersten zwei Monate tat sich hinsichtlich neuer Gäste wenig. Die damaligen Pachtkosten (mehrere tausend Mark pro Monat) mussten bezahlt werden, aber der hierfür notwendige Umsatz blieb aus. Lange hätte ich das nicht durchgehalten und glaubte schon, mit dem Objekt zu scheitern.

Problem war, uns kannte bis dahin niemand aus der Coburger Szene und wir mussten uns erst bekannt machen. Da ich selbst (aus Zeitgründen) meist nur an Wochenenden in Coburg sein konnte, übernahm mein Freund und bisheriger Mitarbeiter meines English-Pub die Aufgabe, sich in den Coburger Kreisen umzusehen und für Besuch der neu eröffneten Disco zu werben.

Darauf hin dauerte es nicht lange, bis der Laden sich füllte mit immer mehr Gästen, aus nah und fern. Wir hatten stets die neuesten und beliebtesten Platten zum auflegen und gute Discjockeys, die für Stimmung sorgen konnten.

Dies sprach sich bald auch bei amerikanischen GI`s herum, die damals in Coburg (als Besatzungsmacht) stationiert waren. Viele Amis besuchten an Wochenenden ebenfalls die Diskothek und wurden mehr und mehr.

Nicht wenige dieser Soldaten kamen extra den langen Weg von Schweinfurt und aus Bamberg, nur um den Scotch-Club zu besuchen. Das waren immerhin jedes Mal 60 bis 100 km Fahrweg und ca. 1 Stunde Fahrzeit für diese Gäste (ohne Rückfahrt).

Im Scotch-Club gab es nicht nur die heißeste Musik und Spaß, sondern auch hübsche Mädels die das Lokal besuchten. Zeitweise war das Lokal rappelvoll mit Gästen und der Durchgang schwer.

Das brachte der Stadt Coburg nicht nur neue Gäste, sondern auch den umliegenden Gaststätten, Pizzerien und Nachtclubs mehr Geld in die Kassen, also ein Win-win Geschäft für alle.

Ich erinnere mich noch an eine lustige Begebenheit, wo ein eingeschlafener, schwarzer GI-Soldat nach Lokalschluss in der Herrentoilette vergessen wurde und bis Mittag des nächsten Tages in der stockdunklen Diskothek umher irrte, weil er keinen Ausgang fand.

Als unsere Putzfrau mittags darauf die Lokaltüre aufschloss, stand plötzlich dieser schwarze GI vor ihr und rannte wortlos und schnell an ihr vorbei. Das stundenlange herum irren im stockdunklen Raum, hat ihm wohl eine Menge Angst eingejagt, ha, ha.

Die Gäste unserer Diskothek waren bunt gemischt. Außer den üblichen Gästen aus Coburg, waren weiße und schwarze US-Soldaten, Bundesgrenzschutz-Angehörige und Gäste aus dem Nachtclub-Milieu regelmäßig zu Gast. Auch diverse Rockergruppen besuchten die Diskothek.

Bei solch brisanter Gästemischung blieben tätliche Zusammenstöße nicht aus. Fast täglich gab es Reibereien zu schlichten oder zu bewältigen. Sicherheits-Personal wie heute üblich, gab es damals noch nicht. Da musste man als Disco-Betreiber schon selbst Hand anlegen und für Ruhe sorgen.

Angst zeigen oder Angst haben durfte man da nicht, egal ob der Störer ein 2-Meter-Mann, ein Militär, ein Messerstecher oder angeblicher Kampfsportler war, Unruhestifter mussten entfernt werden. Das solch Gäste meist nicht freiwillig das Lokal verließen, dürfte jedem klar sein.

Soweit ich erinnere, wurde in all den Jahren nur zwei- oder dreimal die Polizei gerufen. Im Übrigen erledigten wir solch Probleme selbst.

Betreff Polizei holen: Ich erinnere mich da an eine lustige Begebenheit, wo die Polizei kam und einen betrunkenen Randalierer und Messerstecher aus dem Lokal holte, ihm Handschellen anlegte und ins Polizeiauto verbrachte.

Doch der Randalierer befreite sich, sprang aus dem Polizeiauto und rannte, gefesselt mit Handschellen, die Straße nach oben. Nach kurzer Wegstrecke konnte er von den Polizisten wieder eingefangen werden.

Eine andere Begebenheit die ich nie vergessen werde, war das Datum 23. Dezember, also 1 Tag vor Heiligabend. Unser Personal warnte bereits vor diesem Tag, da dies Datum angeblich die Coburger stets in depressive Stimmung versetze.

Ich wollte dies nicht glauben, wurde an diesem Tag jedoch eines besseren belehrt. Bereits eine halbe Stunde nach Öffnung des Lokals machte ein Gast Ärger und musste aus dem Lokal entfernt werden.

Nur Minuten später machte ein anderer Gast im Lokal Probleme und musste ebenfalls entfernt werden.
Kaum wurde einer von denen auf die Straße befördert, rief man im Lokal schon wieder um Hilfe, den nächsten Kandidaten vor die Türe zu befördern. Das raus-werfen von wild gewordenen Randalierern lies an diesem Tag nicht nach, bis in die späte Nacht hinein

Die Warnung vor dem 23. Dezember die wir anfangs für ein Märchen hielten, war somit wahr geworden.
Wir wurden eines besseren belehrt.

Es gäbe noch mehr Begebenheiten aus damaliger Zeit zu berichten, doch will ich hier schließen und zum Hauptteil meines Buches überleiten.

Mehr Gewinn für Ihre Kneipe oder Gaststätte

Nie mehr rote Zahlen schreiben

Dieses Büchlein richtet sich an all diejenigen, die vorhaben eine Kneipe oder Gaststätte zu eröffnen, aber auch an Personen die bereits Pächter eines

Objektes sind.

Aus dem Inhalt:

1) Nach welchen Überlegungen Brauereien ihre
   Pächter auswählen.

2) Kneipe / Gaststätte pachten: Das ist zu beachten

3) Spezial-Tipp:
   Zwei wichtige Punkte über die Sie vor Abschluss
   eines Pachtvertrages Bescheid wissen sollten.

4) Wie Sie Verpächter bewegen, einen für Sie
   vorteilhaften Pachtpreis anzunehmen.

5) Welcher Pachtpreis ist angemessen?

6) Trotz Umsatz, wenig Gewinn

7) Liquiditätsplanung Mustermann Gaststätte
   Erfolgszahlen Mustermann-Gaststätte Januar
   Erfolgszahlen Mustermann-Gaststätte März

8) So verwandeln Sie Kosten in Einnahmen
   Wareneinkäufe
   So schaffen Sie vorteilhafte Lieferkonditionen

9) Miete / Pacht

10) Personal / Personalkosten / Sozialabgaben

11) Wie Sie mit Mitarbeitern betriebliche
    Verbesserungen erreichen

12) Kfz / Unterhaltskosten

13) Kreditkosten / Zinsen

14) Telefon / Internet / Handykosten

15) Büro / Porto / Material etc.

16) Steuerberatungskosten

17) Versicherungen / Beiträge

18) Werbekosten

19) Ihr Ansporn – Neues schaffen

1.1 Nach welchen Überlegungen Brauereien ihre Pächter auswählen.

Von Vorpächtern gut eingeführte Gaststätten sind begehrt und werden von Brauereien, nur erfahrenen Pächtern überlassen. Also an Interessenten, die bereits auf frühere Erfolge bei Pachtobjekten verweisen können.

Dies ist verständlich. Verpächter möchten nicht das Risiko eingehen, ein bisher erfolgreich und eingeführtes Lokal von einem unerfahrenen Neuling herunterwirtschaften zu lassen.

Ein Lokal mit guten Umsätzen aufzubauen und zu erhalten, braucht gewisse Zeit und setzt Erfahrung voraus.

Seien Sie also nicht enttäuscht, wenn es am Anfang nicht gleich klappt mit dem von Ihnen bevorzugten Pachtobjekt. Möglicherweise wird man Ihnen ein anderes Objekt vorschlagen mit dem Sie sich beweisen können.

2.1   Kneipe/Gaststätte pachten

Das ist zu beachten:
Der Pachtvertrag sollte folgendes enthalten:
Die Dauer der Pacht
Die monatlichen Kosten und die Bedingungen für Verlängerung des Vertrages.

Es sollten außerdem Regelungen für die Nutzung des Gebäudes enthalten sein, zum Beispiel wer ist verantwortlich für anfallende Reparaturen und Instandhaltung des Objektes? All dies sollte im Vorfeld geklärt werden.

3.1   Mein Spezial-Tipp:

Zwei wichtige Punkte, über die Sie sich als Pächter vor Abschluss eines Mietvertrages informieren sollten!

a) Gab es in der Vergangenheit bereits des öfteren Pächterwechsel?

b) Wenn ja, aus welchen Gründen wurde das Lokal vorzeitig aufgegeben?

Dies zu wissen, ist sehr nützlich und kann Ihre Position

bei Pachtverhandlungen stärken.

4.1 Welche Begründung gute Chance hat, einen für Sie vorteilhaften Pachtpreis auszuhandeln und den Verpächter zum Einlenken zu bewegen:

Nehmen wir an, es kam in der Vergangenheit bereits öfter zu vorzeitigem Pächterwechsel dieses Lokals. Sie haben einen guten Plan und sind zuversichtlich, die Gaststätte erfolgreich führen zu können.

Nehmen Sie den/die vorzeitigen Pächterwechsel als Argument, um einen niedrigeren Pachtpreis zu erhalten.

Wenden Sie bei Mietpreis-Verhandlung gegenüber der Brauerei ein, dass vorgehende Pächter bereits mehrmals wechselten, aus wirtschaftlichen Gründen.

Der vom Verpächter / Brauerei geforderte, hohe Pachtpreis sei deshalb nicht gerechtfertigt, da viel Engagement, Zeit und finanzieller Einsatz nötig sei, um solch Lokal wieder in Schwung zu bringen.

Es sei deshalb notwendig, dass Ihre Bemühungen und finanzieller Einsatz vom Verpächter honoriert werden, durch einen zeitlich begrenzten, niedrigeren Pachtzins, der vorab auszuhandeln wäre.

So könnten Sie anfänglich einen niedrigeren Pachtzins für die Dauer eines gewissen Zeitraumes vereinbaren, evtl. für ein halbes oder ganzes Jahr.
Dies gibt Ihnen als Pächter die Gelegenheit, eine

schwierige Anfangsphase besser zu meistern. Die eingesparten Pachtkosten während der Übergangszeit, lassen Sie dann bitte nicht in der eigenen Tasche, sondern investieren dies Geld für Ihre Kundenwerbung. Dies ist notwendig, um einen bisher umsatzschwachen Betrieb wieder zum Erfolg zu führen.

Sie sehen also, dass es im Vorfeld eines Pachtvertrages wichtig ist, einen vorteilhaften Mietpreis auszuhandeln. Danach ist dies nicht mehr möglich und Sie sind bis Ende der Pachtlaufzeit an den vereinbarten, festen Mietpreis gebunden.

Die Höhe des Pachtpreises ist ein hoher und fester Kostenfaktor in Ihrer betriebswirtschaftlichen Rechnung und entscheidend für wirtschaftlichen Erfolg.

5.1 Welcher Pachtpreis ist angemessen?

Diese Frage lässt sich nicht einfach beantworten und hängt von jeweiligen Gegebenheiten ab. Der Pachtpreis sollte für Verpächter und Pächter kostendeckend sein.

Fest steht, für ein gut eingeführtes Lokal mit entsprechenden Umsätzen ist eine höhere Pacht gerechtfertigt, als für ein Objekt welches in der Vergangenheit nur schwache Umsatzzahlen vorweisen kann.

Dabei ist es unerheblich, wie viel vom Verpächter in das Objekt investiert wurde. Was nützt ein aufwendig eingerichtetes Lokal wenn die Gäste fehlen, das Lokal also umsatzschwach ist.

Es liegt nun am Pächter, einen geeigneten Plan zu haben und diesen erfolgreich umzusetzen. Die Höhe der Pacht ist also verhandelbar.

Mit dieser Anmerkung möchte ich den ersten Teil schließen und mich dem nächsten Kapitel zuwenden.

Mehr Gewinn für Ihre Kneipe oder Gaststätte

Dieser Abschnitt widmet sich speziell den Bedürfnissen und Anforderungen kleinerer Gaststätten, Kneipen. Ziel ist, mittels eines einfach durchführbaren Kontroll-Verfahrens bestehende Fehler oder Missmanagement im Betrieb zu erkennen und rechtzeitig zu helfen.

Sie kennen das Problem: Sie verbringen täglich viel Zeit und Arbeit in Ihrem Lokal. Sie machen Umsatz, doch am Monatsende bleibt wenig Gewinn, um auf Dauer alle Kosten decken zu können.

Ihre Betriebskosten steigen an und vom verbleibenden Gewinn (nach Steuern) - sofern überhaupt vorhanden – ist auch noch Ihr privater Lebensunterhalt zu decken.

6.1 Trotz Umsatz – zu wenig Gewinn

Nehmen wir an, Sie erwirtschaften ausreichend Umsatz in Ihrer Gaststätte, doch der erwartete Gewinn bleibt aus oder reicht nicht, Ihren Betrieb längerfristig aufrecht zu erhalten.

Nun liegt es an Ihnen, Lösungen zu finden den Gewinn zu erhöhen, ohne zusätzliche Kostenausgaben.

Eine Möglichkeit wäre der Versuch, den Umsatz zu steigern durch zusätzliche Werbemaßnahmen. Doch meist fehlt hier schon das notwendige Geld. Und im Falle des Scheiterns Ihrer Werbemaßnahmen wäre mit weiteren Belastungen zu kämpfen, die Ihre finanzielle Lage noch weiter verschlechtern.

Fehler der Vergangenheit lassen sich bei bereits wirtschaftlich angespannter Lage nur schwer korrigieren. Um noch gegensteuern zu können, wären ausreichend finanzielle Mittel erforderlich, die Ihnen nicht zur Verfügung stehen.

<u>Was also können Sie tun?</u>

aa) Sie müssen mit den zur Verfügung stehenden Mitteln und Gegebenheiten klarkommen.

bb) Sie müssen bestehende Fehler im Betriebsablauf erkennen und beseitigen lernen.

cc) Sie müssen unnötige Kostenausgaben reduzieren und in Einnahmequellen verwandeln.

Es sind alle Kosten und Ausgaben auf den Prüfstand zu stellen und knallhart Sanierungsmaßnahmen einzuleiten.

So, und nur so schaffen Sie es, den für Ihren Umsatz notwendigen Gewinn zu erwirtschaften.

Wenn Sie jetzt meinen, dies sei Aufgabe Ihres Steuerberaters, der wird dies schon richten und Ihnen die entsprechenden Zahlen liefern, liegen Sie falsch.

Aufgabe des Steuerberaters ist es, sich um die steuerlichen Belange zu kümmern und Ihre Daten so aufzubereiten, wie es vom Finanzamt vorgeschrieben ist und verlangt wird. Und so, wie dieses Zahlen- und Datenmaterial von Banken und Kreditgebern benötigt wird, um Entscheidungen treffen zu können.

Das Zahlenmaterial des Steuerberaters richtet sich also nach externen Bedürfnissen und Anforderungen, wie z.B. des Finanzamtes, der Banken usw.

Um Ihre Kosten in den Griff zu bekommen, benötigen Sie jedoch eine genaue Kostenrechnung Ihres Betriebes, dessen Zahlen nicht immer mit denen vom Steuerberater ermittelten Zahlen gleich sind.

Zum Beispiel, weil Rechnungen aus vergangener Abrechnungsperiode erst später von Ihnen eingereicht und gebucht werden. Oder bereits erhaltene Lieferungen (Getränke, Speisen usw.) nicht gleich, sondern erst später gebucht werden und vieles mehr.

Ihre Aufgabe als Gastronom ist nun, eine interne, eigene Kostenrechnung zu erstellen. Nur so, erhalten Sie einen genauen Überblick, was in Ihrem Betrieb so vor sich geht und was Sie tun müssen, um den von Ihnen anvisierten Gewinn zu erreichen.

Und im Falle negativer Ergebnisse rechtzeitig umzusteuern, um finanzielle Belastungen / Schulden nicht höher werden zu lassen.

Ein rechtzeitiger Abbruch verhindert auf Jahre hinaus, weiter mit hohen Schulden leben zu müssen.

Anhand eines Musterbeispieles für eine Gaststätte will ich zeigen welche Möglichkeiten bestehen, den Gewinn Ihrer Kneipe oder Gaststätte zu erhöhen, ohne Umsatz zusätzlich erwirtschaften zu müssen.

Alles was Sie tun müssen ist zu prüfen, welche dieser Möglichkeiten von Ihnen genutzt und in Ihrem Betrieb umgesetzt werden kann. Gegebenenfalls anhand meiner Informationen, eigene Anregungen und Einfälle zu erhalten, die Sie dann verwirklichen.

Für diejenigen, die noch neu im Gaststättengewerbe sind oder vorhaben ein Kürze eine Lokalität zu pachten, soll dieser Report helfen, Fehler zu vermeiden.

Um stets einen aktuellen Überblick zur betriebswirtschaftlichen Situation Ihres Betriebes zu haben, machen Sie folgendes:

Nehmen Sie ein leeres DIN-A4 Blatt und fertigen eine eigene, individuelle Einnahme- / Kostentabelle, ähnlich nachstehend aufgezeigter Mustermann-Gaststätte.

In diese Tabelle tragen Sie monatlich alle erforderlichen Daten ein. So erhalten Sie stets ein aktuelles Ergebnis Ihrer finanziellen Situation mit der Möglichkeit, rechtzeitig gegensteuern zu können und Sofort-Maßnahmen zu ergreifen, wenn es notwendig ist.

Sie können die Einnahme- / Kostentabelle auch

wöchentlich führen. So erhalten Sie einen noch aktuelleren Überblick Ihrer betrieblichen Situation.

Bei Eintragung der Daten ist jedoch darauf zu achten, eingehende Rechnungen / Belege, die für mehrere Monate oder ein volles Jahr gelten, stets anteilig auf betreffenden Zeitraum umzulegen.

Beispiel hierzu:

1. Sie bezahlen eine Beitrags-Rechnung über 240,- Euro, die von Januar bis Dezember gilt, also für ein volles Jahr.

   Dann tragen Sie in Ihre aktuelle Monatstabelle nicht Kosten 240 Euro ein, sondern anteilig nur ein Zwölftel davon. Das sind monatlich 20 Euro die Sie eintragen müssen.

2. Sie bezahlen eine Quartal-Versicherung über 45,-- Euro, die von Januar bis Monat März Schutz bietet.

   Dann tragen Sie ebenfalls nicht 45 Euro in die Monatstabelle ein, sondern teilen die Summe anteilig durch 3 Monate. Das sind 15 Euro die dann je Monat einzutragen sind.

Eintragung der Gesamtsumme würde Ihre monatlich anteiligen Kosten verfälschen und nicht richtig wiedergeben.

Folgende Einnahme- / Kostentabelle und nachstehende Informationen sollen Ihnen Lösungen aufzeigen, durch gezielte Kostensenkungsmaßnahmen, das Betriebsergebnis zu verbessern und bei gleichem Umsatz mehr Gewinn zu erwirtschaften.

<u>Die Tabelle stellt keine realen Umsatzzahlen dar.</u> Sie wurde gefertigt, um den Erfolg der unterschiedlichen Betriebskosten (vor und nach Kostensenkung) besser deutlich machen zu können.

7.1 Liquiditätsplanung Mustermann Gaststätte
Erfolgszahlen Mustermann-Gaststätte Januar
Erfolgszahlen Mustermann-Gaststätte März

Liquiditätsplanung

Liquidität aus Vormonat November   325,00

	Januar	Februar	März
Einnahmen aus Getränke (inkl. MwSt 19%)	10500,00		10500,00
Einnahmen aus Speisen (inkl. MwSt 7 %	1550,00		1550,00
Provision aus Automaten	120,00		120,00
Sonstige Einnahmen (aus Gaststätte)	70,00		70,00
Summe Einnahmen	12240,00		12240,00
Ausgaben			
Wareneinkäufe	3860,00		3660,00
Pachtkosten (inkl. Nebenkosten)	960,00		960,00
Personal (2 MiniJob Kräfte)	1070,00		1070,00
Sozialabgaben (Arbeitgeber Anteil)	140,00		140,00
KfZ- Unterhaltskosten	400,00		80,00
Kreditkosten / Zinsen	610,00		610,00
Telefon /Internet / Handy	60,00		60,00
Büromaterial / Porto etc.	20,00		20,00
Steuerberater	600,00		0,00
Versicherungen, Beiträge etc.	50,00		50,00
Werbekosten	910,00		350,00
Anschaffungen, Reparaturen, Geräte etc.	60,00		60,00
Steuern (Ust, EkSt, Gewe-St.)	2050,00		2050,00
Energiekosten	780,00		780,00
Sonstiges	0,00		0,00
Summe Ausgaben	11570,00		9890,00
Überschuss / Fehlbetrag	670,00		2350,00
Privatentnahmen Gastwirt	1200,00		1200,00
Liquiditätsergebnis	-530,00		1150,00
Liquidität-Reserve	-530,00		1150,00
Liquidität aus Vormonat	325,00		-205,00
Liquidität aktuell	-205,00		945,00

8.1 So verwandeln Sie Kosten in Einnahmen!

Wenn Sie die einzelnen Positionen der obigen Tabelle betrachten, werden Sie feststellen, dass – ohne Mehrumsatz zu tätigen - das Ergebnis (nach Senkung der Kosten) deutlich verbessert wurde.

Und dies, nur mit wenigen Maßnahmen. Mit nur drei Einzelmaßnahmen konnte das Liquiditätsergebnis (Januar) mit einem Minus 530,-- € - im Monat März in ein Plus 1.150,-- € umgewandelt werden.

Das scheint nicht viel, doch sind dies immerhin 1.150,-- € die nun als ein mehr an Gewinn zur Verfügung stehen.

Hochgerechnet auf ein volles Jahr wurde
a) eine beachtliche Kosteneinsparung erreicht und
b) ein Gewinn erwirtschaftet, der zur Verfügung steht und hilft, das Betriebsergebnis zu verbessern.

Die Kosteneinsparungen betreffen in obigem Beispiel:

a) die Kfz-Unterhaltskosten
b) Kosten Steuerberater
c) Werbekosten

Nähere Erläuterungen hierzu und weitere Lösungsmöglichkeiten für Kostensenkung nachstehend.

Fangen wir am besten von vorne an und betrachten die einzelnen Ausgabenposten der Gaststätte Mustermann:

1. Wareneinkäufe

Tatsache ist, je günstiger Sie Ihre Waren beziehen, desto mehr bleibt an Gewinn. Dies soll aber nicht dazu verleiten, minderwertige Erzeugnisse einzukaufen.

Dies würde Ihrem Geschäft auf Dauer schaden und Kunden vergraulen. Gerade im Gastronomiebereich ist gute Qualität ein wichtiger Faktor und Kunden werden Ihr Geschäft weiterempfehlen.

Alle Erzeugnisse haben feste Lieferpreise und Konditionen. Der Spielraum, gute Ware zu niedrigerem Preis zu erhalten ist somit begrenzt.

So schaffen Sie vorteilhafte Lieferkonditionen!

Gehen Sie planvoll und strategisch vor!

1. Erkundigen Sie sich als Erstes bei Ihrem Lieferanten nach dem **Einzelpreis** der Ware oder der kleinsten Liefermenge.

2. Danach fragen Sie nach den Konditionen für **Mehrabnahme**. Nennen Sie eine bestimmte Menge, die für Sie in Betracht kommt.

   Tipp: Wenn möglich, gleich eine größere Menge einkaufen (gilt nur für nicht verderbliche Waren) und dafür den bisherigen Bestellzeitraum vergrößern .

Soll heißen, wenn bisher Getränke im wöchentlichen Rhythmus bestellt wurden, bestellen Sie zukünftig nur alle 2 Wochen.

Die jeweilige Bestellmenge wird dadurch größer. **Mengenrabatte** können gezielt in Anspruch genommen werden.

3. Nachdem der Preis für Mehrabnahme der Ware vorliegt, fragen Sie nach eventuell möglichen **Sonderrabatten**.

Dies können zum Beispiel sein, Rabatte bei Selbstabholung der von Ihnen bestellten Ware.

Jahreszeitlich bedingte Rabatte z.B. bei Naturprodukten oder sonstigen Lebensmitteln.

Spezielle Vorteilangebote (eventuell bei geringen Schäden an Verpackung usw.

4. Zahlen Sie bar!
Nachdem der Gesamtpreis vom Lieferanten genannt wurde gehen Sie den letzten Schritt. Teilen Sie mit, dass Sie bar zahlen möchten und fragen, welcher Rabatt vom genannten Gesamtpreis noch abgeht, bei Barzahlung.

Durch zielgerichtetes Vorgehen sichern Sie sich so bestmögliche Rabatte.

Wenn es gelingt, im Schnitt 3 Prozent an Skonto oder Rabatten beim Einkauf zu generieren, wären dies in unserem obigem Beispiel Gaststätte Mustermann, auf ein volles Jahr gerechnet, bereits 13.896,-- € die Ihrem Geschäft mehr zur Verfügung stehen als Gewinn und für den Sie weder etwas verkaufen oder dafür arbeiten müssen.

Wareneinkäufe 3.860,-- € x 12 Monate x 3 Prozent = 13.896 € gespart.

9.1. Miete / Pacht

Die Miet- und Pachtkosten sind fester Bestandteil Ihrer monatlichen Kosten. Einmal vereinbart, ist die vertraglich festgelegte Summe durchgehend bis Vertragsende zu leisten. Egal, ob Ihr Geschäft erfolgreich läuft oder ob es zu größeren Umsatzschwankungen kommt.

Solange der Umsatz stimmt und ausreichend ist, werden Sie die Miet- und Pachtkosten auch zahlen können.

Doch was, wenn nach anfänglich gutem Geschäft die Umsätze sinken und Einnahmeverluste entstehen, die den Fortbestand Ihres Geschäftes in Gefahr bringen?

Dann werden Sie erkennen, dass es wichtig war, vor Vertragsabschluss vorteilhafte Pachtbedingungen für Sie vereinbart zu haben. So wie ich es bereits eingangs, in meiner Begründung zu Pachtvereinbarung beschrieben habe.

Vergleich Gaststätte Mustermann:
Wäre es gelungen, vor Übernahme des Lokals den obigen Pachtpreis 960.-- € - für die Dauer des ersten Jahres um 15 Prozent (niedriger zu halten, wäre die Ersparnis 1.728,-- €.

960 € x 12 Monate x 15 Prozent = 1.728,-- €

10.1. Personal / Personalkosten / Sozialabgaben

Personalausgaben sind ein hoher Faktor Ihrer Kostenrechnung.

Einige meinen, Kündigung oder Lohn-Dumping bei Mitarbeitern sei der geeignete Weg, Umsatzrückgänge ausgleichen zu können. Dies ist ein Irrtum und kann Ihrem Geschäft nur schaden.Gute, erfahrene Mitarbeiter werden ersetzt durch kostengünstigere, aber weniger erfahrene Kräfte.

Die Folge solcher Entscheidung sind meist:
> Unzufriedene, frustrierte Mitarbeiter.
> Schlechterer Service – noch weniger Umsätze als bisher.

> Stammgäste sind unzufrieden und bleiben nach und nach weg.

> Die Abwärts-Spirale Ihrer Umsätze setzt sich fort.

11.1 Wie Sie mit Mitarbeitern betriebliche Verbesserungen erreichen!

Die wesentlich bessere Variante mit Mitarbeitern die Umsätze zu verbessern ist, diesen offen gegenüberzutreten und über bestehende, wirtschaftliche Probleme aufzuklären. Dies wird Ihnen Achtung und Loyalität schaffen und die Mitarbeiter inspirieren, besser zu werden in Service und Umsatzmaßnahmen.

<u>Wie Sie auf einfache Weise Ihre Mitarbeiter motivieren und deren Umsatzleistung verbessern!</u>

Bitten Sie alle Mitarbeiter zu einer Gesprächsrunde.

Am besten vor Dienstbeginn oder in einer Zeit wo niemand stört. Informieren Sie die Mitarbeiter offen und konkret über bestehende betriebliche Probleme, zum Beispiel anhaltender Umsatzrückgang mit damit verbundenen Risiken und möglichen Folgen für Mitarbeiter.

Appellieren Sie an die gemeinsame Lage und sprechen Sie darüber wie der Betrieb durch eigenes oder fremdes Verschulden in die jetzige, schlechte Position gekommen ist.

Vermeiden Sie auf jeden Fall Schuldzuweisungen! Diese sind hier nicht dienlich. Viel wichtiger ist, die einzelnen Mitarbeiter in die Verantwortung zu nehmen und über geplante Gesundung-Maßnahmen aufzuklären und einzubeziehen.

Es ist wichtig, offen und ehrlich die momentane Situation darzustellen. Bitte keine Vernebelungs- oder Verschleierungstaktik gegenüber Mitarbeitern üben.

Dies führt dazu, Ihnen kein Vertrauen auf mögliche Lösung entgegen zu bringen. Gute Arbeitskräfte könnten überreagieren, z.B. durch Kündigung. Bereiten Sie sich also gut auf das Gespräch vor.

Nur wenn man Ihren Aussagen glaubt und vertraut, können Sie mit tatkräftiger Hilfe der Mitarbeiter rechnen. Sie werden staunen, welch vernünftige und interessante Vorschläge manche ihrer Angestellten selbst einbringen können, als Verbesserungsmaßnahmen. Die Mitarbeiter sind somit motiviert, da sie selbst etwas für Ihren Betrieb und letztendlich für ihre eigene Situation tun können.

Denken Sie jedoch daran, die notwendigen Maßnahmen und Verbesserungen müssen schnell greifen und möglichst ohne Mehrkosten umsetzbar und kontrollierbar sein (Erfolgskontrolle)!

In unserem Beispiel Gaststätte Mustermann wurden keine Personalkosten-Maßnahmen getroffen, da nur zwei Mini-Job Aushilfskräfte benötigt werden.

Hier noch ein Tipp, um Personalkosten vorübergehend oder langfristig zu senken:

Im Falle anhaltendem Umsatzrückgang oder Betriebsflauten in gewissen Stunden könnte z.B. überlegt werden, ob nicht gute Kräfte vorübergehend besser auszulasten sind, wenn Sie diese stunden- oder tageweise an befreundete Gaststätten-Besitzer „ausleihen", gegen Kostenerstattung.

So erhalten Sie an guten Umsatztagen die Arbeitskraft Ihrer Mitarbeiter im eigenen Betrieb und müssen an schlechten Umsatztagen keine unnötigen Kosten tragen.

Gleiche Vorteile verschaffen Sie dadurch den mit Ihnen befreundeten Gastwirt(en).

Vergessen Sie jedoch nicht, bei Ihrer Kostenerstattung-Rechnung anteilig die von Ihnen zu tragenden Urlaubskosten und sonstige Kosten des Angestellten mit einzubeziehen. Ggf. kann ein Steuerberater die Kosten pro Tag oder Stunde, für Sie errechnen.

12.1 Kfz/Unterhaltskosten

Meine nachfolgenden Ausführungen zum Thema Fahrzeugkosten werden bei manchen Lesern sicherlich Unbehagen hervorrufen oder auf Ablehnung stoßen. Doch ist es notwendig, die Dinge realistisch zu betrachten und aus möglichen Fehlern, Konsequenzen zu ziehen.

Insbesondere, weil gerade im Fahrzeugbereich, kurzfristig und schnell unnötige Kosten gespart werden können. Jedoch erfordert dies von Ihnen grundlegendes Umdenken und konsequent harte Maßnahmen einzuleiten, ohne wenn und aber.

In unserem vorgehendem Beispiel Gaststätte Mustermann lagen die monatlichen Durchschnitts-Kosten für Kfz-Unterhalt bei 400 Euro. Nach Kostensenkungsmaßnahmen konnten diese hohen Kosten auf jetzt nur noch 80 Euro im Monat, reduziert werden.

Sicherlich werden Sie jetzt fragen:

...wie es möglich ist, bisher monatliche Kfz-Kosten 400 Euro - in kurzer Zeit auf nur noch monatlich 80 Euro zu verringern?

Dies oder ähnliches Ergebnis wird auch Ihnen gelingen!
Sie müssen lediglich bereit sein, überholte Vorstellungen über Bord zu werfen und neu zu überdenken.

Sehen Sie das Thema Fahrzeugkosten praktisch und betriebswirtschaftlich orientiert!

Ein gewerbliches Transportmittel ist notwendig, um von Ausgangspunkt A - nach Ziel B zu kommen. Um als Gastwirt zum Beispiel Ware die nicht angeliefert wird, bei Verkäufern oder nahe liegendem Supermarkt zu holen, notwendige Behördengänge zu machen oder sonstige, für Ihren Betrieb notwendige Dinge zu erledigen.

Da die meisten Ihrer Waren / Getränke ohnehin direkt von Lieferanten, Brauerei usw. angeliefert werden, lassen sich notwendige, eigene Fahrten auf ein Minimum (etwa ein bis zweimal in der Woche) beschränken.

Für diese wenigen Fahrten ist es wenig sinnvoll, ein eigenes Fahrzeug zu unterhalten. Die übrige Zeit steht es nur nutzlos am Gehsteig oder in der Garage.

Anschaffung und ständiger Unterhalt verursachen nur

unnötige Kosten (Kreditkosten, Kfz-Steuer,

Versicherung, Benzin, Reparaturen, Parkgebühren usw.)

All diese Kosten müssen in Ihrem Betrieb zusätzlich erarbeitet werden und schmälern somit direkt Ihren monatlichen Gewinn.

In unserem Beispiel Gaststätte Mustermann könnte als Kostensenkung-Maßnahme, Ihr bereits bezahltes und gebrauchtes Geschäftsfahrzeug verkauft werden, zu einem Preis von 4.700 Euro.

Der Erlös steht dem Besitzer der Gaststätte sofort als zusätzliche Liquidität zur Verfügung und kann für andere Vorhaben eingesetzt werden, wie z.B. Nachzahlung von Steuern, Werbekosten, Neu-Anschaffungen usw.

Einkaufsfahrten, Behördengänge etc. lassen sich zukünftig vorab planen und mit einem Taxi (ggf. Lasten-Taxi) erledigen.

Um teure Wartezeiten für Taxi zu vermeiden, können Wareneinkäufe bereits vor Fahrtbeginn beim Verkäufer telefonisch bestellt und dort zusammengestellt werden. Die Waren brauchen dann nur noch bezahlt und abgeholt werden.

Bei rechtzeitiger Planung reichen ein bis zwei Fahrten in der Woche, um diese Aufgaben zu erledigen.

Wenn Sie in der Stadt wohnen ist es möglich, mit ca. 80 Euro Fahrtausgaben im Monat zurechtzukommen.

Auch wenn Sie eine Landgaststätte betreiben oder am Stadtrand ansässig sind, lassen sich vorteilhafte Möglichkeiten finden Ihre Besorgungen kostengünstig zu erledigen.

Fast immer findet sich unter den Stammgästen jemand, der etwas Zeit hat und bereit ist, Sie zum Einkaufen oder Abholen von Waren mit seinem Pkw zu fahren.

Dafür geben Sie ihm, je nach Wegstrecke 5 oder 10 Euro als Benzingeld. Oder Sie geben einen Getränkegutschein für Ihr Lokal. Dies ist noch günstiger, da als eigene Kosten nur der Einkaufspreis anfällt. Sie dürfen also etwas großzügig sein.

Mit Verkauf des Geschäftsfahrzeuges, Einkaufsplanung und etwas Kreativität konnten die bisher monatlichen Kfz-Kosten 400 Euro, in kurzer Zeit auf nunmehr 80 Euro im Monat gesenkt werden. Dies ermöglicht eine jährliche Ersparnis von 4.920 Euro, welche direkt Ihren betrieblichen Gewinn erhöht.

Bisher monatliche Kfz-Kosten 400 x 12 Monate = 4.800 Euro
Jetzige monatliche Kfz-Kosten 80 x 12 Monate = 960 Euro
   Differenz: 4.800 minus 960 = 3.840 Euro Ersparnis

13.1 Kreditkosten / Zinsen

Im Beispiel Gaststätte Mustermann wurden keine Veränderungen der Zahlen vorgenommen. Ausgehend davon, dass ein früherer Anschaffungskredit über privates Eigenheim abgesichert wurde und nicht über geschäftliches KK-Konto läuft.

Grundsätzlich ist zu raten, nach Möglichkeit ohne große Kreditaufnahme auszukommen. Jede Ratenverpflichtung belastet den betrieblichen Gewinn.

Sollten Sie einen Dispo-Kredit in Anspruch nehmen, kann ich nur empfehlen diesen so bald irgend möglich zurück zu zahlen, da höhere Zinsen hierfür anfallen. Und auf längere Sicht erhöht sich die ursprüngliche Rückzahlungssumme leicht ums Doppelte oder gar Mehrfache, ohne dass Sie das direkt wahrnehmen.

Hier ein Beispiel: Einer meiner Freunde hat seit Jahren einen Dispo-Kredit über 2.000 Euro laufen und bereits das Mehrfache seines ursprünglich aufgenommenen Kredits an Kosten bezahlt. Er steht auch heute noch bei 2.000 Euro Dispokredit.

Er ist einfach nicht in der Lage zu begreifen, dass er seinen ursprünglich aufgenommenen Kredit Dispo schon längst zurückgezahlt hat und seit Jahren nur noch Zinsen hierfür zahlt und weiterhin zahlen wird.

Lassen Sie vor allem die Finger von teuren Überziehungs-Krediten, die teilweise mit Wucherzinsen rückgezahlt werden müssen.

Dispo- und Überziehungskredite sollten stets nur die absolute Ausnahme sein und bald möglich auf Null zurückgeführt werden. Andernfalls dreht sich die Schulden-Spirale immer höher und verringert in gleichem Maße Ihre Gewinnerwartungen.

Wenn Sie Ihre betrieblichen Kosten gut im Griff haben und ausreichend Gewinn erwirtschaften, benötigen Sie solch überteuerte Kredite nicht. Und wenn doch, läuft etwas verkehrt und Sie begehen möglicherweise Fehler beim Einkaufs- / Kosten- oder Preismanagement.

14.1 Telefon- / Internet- / Handykosten

Die Kosten hierfür sind in den vergangenen Jahren, mittels Flatrate - deutlich günstiger geworden und sollten kein Problem für Ihre Gaststätte sein. Trotzdem lassen sich Sparmaßnahmen durchführen.

So könnte zum Beispiel überlegt werden, den Festnetzanschluss mit monatlich anfallender Grundgebühr zu kündigen und stattdessen für Geschäftszwecke ein mobiles Handy mit günstiger Flatrate zu nutzen.

So haben Mitarbeiter wenig Gelegenheit, heimlich auf Kosten des Betriebs zu telefonieren, da ausgehende Gespräche per Display kontrollierbar sind.
Es sollte jedoch nicht vergessen werden, die Handy-Nummer im Lokal und für Lieferanten, Kunden und Behörden mitzuteilen, um geschäftlich erreichbar zu sein.

15.1 Büromaterial / Porto etc.

Dieser Posten hat für Gaststätte Mustermann keine Relevanz, da die anfallenden Kosten gering sind.
Besondere Einsparmaßnahmen sind nicht erforderlich.

16.1 Steuerberatungskosten

Die Kosten für Steuerberater wurden in unserem Beispiel Gaststätte Mustermann von monatlich 600 Euro auf Null reduziert. Sie werden nun fragen „wie ist das möglich?"

Ganz einfach: Gaststätte Mustermann erledigt ihre steuerlichen Aufgaben nun selbst und spart sich die monatlichen Kosten für Steuerberater.

Solange Sie mit Ihrer Gaststätte bestimmte Umsatz- bzw. Gewinngrenzen nicht überschreiten, sind Sie nicht bilanzierungspflichtig. Es braucht also keine teure Jahresbilanz erstellt werden.

Es genügt, eine einfache Einnahme-/ Überschuss-Rechnung zu machen und diese beim Finanzamt abzugeben. Das Vorgehen ist einfach: Die Einnahmen und Ausgaben werden gegenübergestellt und verrechnet, am Ende bleibt der Gewinn oder Verlust.

Hierfür brauchen Sie keinen Steuerberater, sondern können das zukünftig selbst erledigen.

Was ist hierfür notwendig?
Sie benötigen eine einfache Einnahmen-Überschussrechnung nach § 4 Abs. 3 EStG. (*Anlage EUR*)

Ihr Umsatz muss weniger als 600.000 EUR jährlich sein. Und Ihr Gewinn muss weniger als 60.000 EUR im Jahr sein.

Ob Sie einen Steuerberater brauchen, hängt von Ihren eigenen Bedürfnissen und Ihren Kenntnissen ab. Um

Kosten zu sparen, setzen Sie einen Steuerberater nur dort ein wo es notwendig ist und Sinn macht. Zum Beispiel nur am Jahresende, um den Abschluss erstellen zu lassen. Je mehr Sie selbst machen können bei Ihrer Buchhaltung, Lohnabrechung etc., desto weniger kostet Ihnen der Steuerberater im Jahr.

Wenn Sie unerfahren sind oder Fragen haben zu Ihrer Steuer, gehen Sie einfach zu Ihrem Finanzamt. Man wird Ihnen dort weiterhelfen und Fragen beantworten.

Wohlgemerkt, der Finanzbeamte wird Ihnen Fragen beantworten zu Ihrer Steuer, jedoch keine Beratung machen. Dies darf er nämlich nicht und das ist auch nicht seine Aufgabe.

Ich selbst habe die Erfahrung gemacht, dass (entgegen landläufiger Meinung) Finanzbeamte durchaus freundlich und hilfsbereit den Kunden gegenüber sind. Es gibt also keinen Grund besorgt zu sein und sich bei Fragen an Ihr Finanzamt zu wenden.

Durch Einsparung des Steuerberaters konnten im Beispiel Gaststätte Mustermann die bisher monatlichen Kosten 600 Euro auf Null Euro reduziert werden.

 600 Euro x 12 Monate = 7.200 Euro Einsparung im Jahr

17.1 Versicherungen / Beiträge

Im Beispiel Gaststätte Mustermann wurden keine Veränderungen vorgenommen. Die Versicherungtarife hängen von Gegebenheiten jedes Betriebes ab und können deshalb sehr unterschiedlich sein.

Gaststätten stellen im Versicherungsbereich ein mittleres Risiko dar. Der Beitrag liegt über dem Durchschnitt. Informieren Sie sich, welche Einsparungen für Ihren Betrieb möglich sind. Am besten bei einem freiem Versicherungsmakler oder bei Stiftung Warentest.

Dort finden Sie entsprechende Anbieter für Gaststätten-Versicherung und deren unterschiedliche Tarife, sowie Rabatt-Möglichkeiten für Existenzgründer. Vergleichen Sie bei einem Informationsgespräch jedoch nicht nur die unterschiedlichen Tarife, sondern auch die Leistungen die hierfür geboten werden.

Wenn es gelingt, durch günstigeren Tarif 200 Euro bei Versicherungs-Beiträgen einzusparen, erhöht auch dies den betrieblichen Gewinn.

Um eine mögliche Kosteneinsparung 200 Euro auszugleichen, müssen in Ihrer Gaststätte etwa 600 Euro mehr Umsatz an Getränken / Speisen verkauft werden. Es lohnt also, Gaststätten-Versicherungsangebote zu vergleichen.

Beiträge
Grundsätzlich unterliegen Gaststättenbetreiber der Pflicht, der IHK (Industrie- u. Handelskammer) beizutreten und Beiträge zu leisten.

Doch Achtung! Hier gibt es Ausnahme- und Sonder-Regelungen.

Gaststättenbesitzer die nicht im Handelsregister eingetragen sind und deren Jahresgewinn unter 5.200 Euro liegt, sind von den Beiträgen befreit.

Als Existenzgründer brauchen Sie in den ersten zwei Jahren Ihrer Geschäftstätigkeit keine Beiträge zu leisten.

Sollten Sie nach Gewerbeanmeldung ein Beitragsformular der IHK erhalten, unterschreiben Sie nicht einfach die Anmeldung, sondern prüfen im Vorfeld, ob für Sie Beitragspflicht besteht oder möglicherweise die Umsatzgrenze unterschritten wird.

Sollte sich Ihr Unternehmen gerade in Zahlungsschwierigkeiten befinden, können Beiträge gestundet oder Ratenzahlung vereinbart werden.

Um Ihre Zahlungsverpflichtung etwas zu verschieben, können Sie mit mit einem formlosen Antrag und einer für die IHK zu belegenden Begründung eine Stundung beantragen für die Dauer von sechs Monate.

Für sonstige Beiträge die keine Pflichtbeiträge sind, gilt es zu prüfen, ob diese für die Ausübung des Geschäftes wirklich notwendig sind.

So könnte überlegt werden, Vereinsmitgliedschaften sowie Spendenbeiträge, die Ihrer Gaststätte keinen Mehrumsatz bringen, zu beenden.

18.1 Werbekosten

Falls Sie bisher 4-mal im Monat eine Zeitungsanzeige aufgegeben haben, geben Sie nur noch 2-mal im Monat eine auf, zumindest vorübergehend.

Bisher haben Sie im gesamten Landkreis oder überregional inseriert, nun inserieren Sie nur noch in Ihrer Stadt oder Umgebung, da die Kosten hierfür niedriger sind.

<u>Das Wichtigste ist, Ihre Zielgruppe zu kennen!</u>

Welche Zielgruppe wollen Sie haben?
Wer verkehrt in Ihrer Kneipe oder Gastwirtschaft?
Sind es jüngere oder ältere Gäste? Sind es überwiegend Singles oder Familien, die Ihr Lokal besuchen? Und so weiter und so weiter.
Stellen Sie Ihre Werbung auf diese Zielgruppe ein.

Als Besitzer einer kleinen Kneipe oder Gaststätte können Sie sich <u>nicht</u> leisten, Werbung zu schalten die erst in Monaten oder gar Jahren Erfolg bringt oder vielleicht nie Erfolg zeigt.

<u>Anregungen</u>
Sie könnten z.B. Rabatt-Gutscheine in Ihrer Nachbarschaft oder Umgebung verteilen und damit den Werbeerfolg messen

Wirklich wichtig ist das Marketing das Sie betreiben. Das entscheidet, wie viel Sie als Kneipenbesitzer / Gaststättenbetreiber verdienen werden.

Wenn Sie sich darauf konzentrieren, wird Ihr Umsatz bald ansteigen. Aber vernachlässigen Sie dabei nicht

Innovation und Qualität.

<u>Was meine ich damit?</u>
Innovation heißt, etwas neues schaffen, also etwas dass die Konkurrenz noch nicht bietet.
Und mit Qualität meine ich, dass Ihre Leistung mit den Wünschen Ihrer Kunden übereinstimmt.

<u>3 Beispiele hierzu:</u>
a) Sie bieten in Ihrem Biergarten das „kühlste Bier der Stadt" an und danach stellt sich heraus, dass den Gästen nur „lauwarme Brühe" serviert wird.

b) Sie bieten in Ihrem Inserat den „besten Schweinebraten der Stadt" an, doch der schmeckt auch nicht anders als bei der Konkurrenz. Zum einen ist dies Geschmackssache und zum anderen übertriebene Werbung.

Besser wäre, etwas Neues sich einfallen zu lassen und damit Kunden zu werben. So könnten Sie zum Beispiel für ein herzhaftes Steak von einem Wollschwein werben. Das wäre ein neues Produkt, das sich auf den Speisekarten Ihrer Konkurrenten nicht finden lässt.

c) In damaliger Landgaststätte die ich neu erbaut hatte, schenkten wir jeweils Sonntag vormittags Bier vom Fass aus. Jeweils frisch gezapft im Lokal mit einem 30 Liter Fass, welches aus dem Kühlraum nach oben gebracht wurde.

Dies Angebot kam bei den Gästen am Stammtisch gut an.
Das 30 Liter Fass war meist nach kurzer Zeit schon leer. Danach noch ein weiteres Fass anzuzapfen lohnte sich meist nicht, da in der kurzen Vormittagszeit soviel

nicht getrunken werden konnte und der restliche Bierinhalt nur warm wurde.

Wichtig war, den Gästen Freude zu machen und ihnen eine kleine Show beim Fassbier-Anstich zu bieten, denn nicht jeder Bieranstich gelingt auf Anhieb. Es kann auch misslingen zur Schadenfreude anwesender Gäste.

19.1 Ihr Ansporn muss sein, Neues zu schaffen und neue Ideen auszuklügeln. .

Möglichkeiten für Kneipen und Gaststätten, Umsatz zu steigern:

- Bringen Sie mehr Gäste ins Lokal

- Animieren Sie Gäste, mehr auszugeben, zum Beispiel durch spezielle Extras die Sie anbieten.

- Animieren Sie Ihre Gäste zu häufigerem Besuch, zum Beispiel durch regelmäßige Erinnerungs-Mails.

- Lassen Sie Stammgästen Gutscheine oder Rabatt zukommen, wenn diese neue Freunde mitbringen.

Es kostet Sie wesentlich weniger, einen Stammgast zu erhalten und dessen Loyalität zu belohnen, als mit teuren Werbemaßnahmen Neukunden zu gewinnen.

Sollten Sie einen nur wenig oder nicht genutzten Nebenraum haben, könnten Sie diesen für spezielle Kundengruppen anbieten, zum Beispiel für Senioren,

Studenten oder Schachspieler.

Als Nachweis deren Zugehörigkeit stellen Sie diesen Kunden einen Rabatt-Gutschein mit deren Namen und Adresse aus. Und schon erhalten Sie eine Liste Kunden, die Sie bei Bedarf kontaktieren und Werbung zusenden können.
<u>Lassen Sie sich hierfür etwas einfallen.</u>

So bleiben Sie ständig in Erinnerung bei Ihren Gästen, wenn diese überlegen, wo sie nach Feierabend, Konzert oder Kinobesuch hingehen sollen.

Konzentrieren Sie sich auf die speziellen Wünsche Ihrer Kunden

<u>Beispiel 1</u>
Ich lernte in den 60er Jahren einen Gastwirt aus dem Großraum Coburg kennen, der (täglich wechselnd) nur ein einziges (jedoch preisgünstiges) Gericht anbot, mittags und nachmittags. Dies Lokal war zweimal am Tag voll besetzt mit Arbeitern und Angestellten der umliegenden Firmen und Geschäfte.

Wer zu lange sitzen blieb am Tisch, wurde aufgefordert umgehend den Platz frei zu machen für den nächsten Gast. Alle kannten den Besitzer und waren darüber nicht böse.

Schließlich hatte dieser Gastwirt die Aufgabe, alle Gäste während der Mittagspause zügig zu bedienen, damit sie rechtzeitig wieder bei ihrem Arbeitsplatz sein konnten.

Begrüßen Sie Ihre Gäste mit der Hand!
Ich weiß, allgemein ist dies heute nicht mehr üblich und ich finde das sehr schade.
Gästen bei Begrüßung nicht die Hand reichen wirkt unpersönlich. Solch Verhalten fordert den Abstand zum Kunden geradezu heraus.

Mein Vater, der (unter anderem) mehrere Jahrzehnte ein Caféhaus betrieb, begrüßte seine Gäste stets mit der Hand, wenn er ins Lokal kam. Als Personal fungierten 1 oder 2 Bedienungen.

Und gerade in heutiger Zeit, wo die Distanz und Anonymität zum Kunden immer größer wird, kann dies ein Pluspunkt für Sie werden, Ihre Kneipe oder Lokal zu besuchen oder Stammgast zu werden.

Ich bin mir sicher, viele werden angenehm überrascht sein, wenn der Chef plötzlich ins Lokal kommt und Gästen am Tisch die Hand reicht, gegebenenfalls noch ein paar freundliche Worte wechselt.

Besonders angesprochen fühlen sich Stammgäste, wenn sie mit Namen begrüßt werden und sich an deren Vorlieben oder spezielle Wünsche erinnert. Dies schafft Vertrauen und Freundlichkeit und Ihre Gäste fühlen sich wertgeschätzt.

Ich hoffe, das Lesen meines Buches war unterhaltsam und hat Euren Ansporn geweckt aktiv zu werden, meine Ratschläge zu überdenken und notwendige Entscheidungen zu treffen.

Auch ich habe Fehler gemacht und erst nach und nach hinzu gelernt. Nur durch Erfahrung wird man klug. Wer keine Fehler macht, hat noch nie etwas Neues begonnen.

Ich wünsche alles Gute
und grüße Euch herzlich

Verlag: BoD • Books on Demand GmbH, In de
Tarpen 42, 22848 Norderstedt
Druck: Libri Plureos GmbH, Friedensallee 273,
22763 Hamburg
ISBN: 978-3-7597-3320-7